Atem Ewigstern

Zeit ∾ wer bist du?

Atem Ewigstern

Zeit ~ wer bist du?

Bibliografische Information der Deutschen Nationalbibliothek
Die Deutsche Nationalbibliothek verzeichnet diese Publikation in der Deutschen Nationalbibliografie; detaillierte bibliografische Daten sind im Internet über http://dnb.d-nb.de abrufbar.

Satz, Umschlaggestaltung und Verlag: BoD · Books on Demand GmbH, In de Tarpen 42, 22848 Norderstedt

Druck: Libri Plureos GmbH, Friedensallee 273, 22763 Hamburg

ISBN: 978-3-7583-1657-9

INHALTSVERZEICHNIS

INHALTSVERZEICHNIS

Einleitung

Dieser Tage wurde mir wieder einmal bewusst, dass schon einiges mehr an Lebenszeit hinter mir liegt als vor mir. Der Gedanke macht mich entschlossener denn je, meine Zeit ab jetzt bestmöglich zu nutzen.

Wenn wir über 50 oder 60 sind, denken wir ganz anders über unser Leben nach, als es in früheren Jahren der Fall war. Wir überlegen uns genau, was wir mit unserer Zeit anfangen wollen. Wir erkennen deutlicher, wie kostbar Zeit ist, und wollen sie auf keinen Fall verschwenden.

Jedenfalls geht es mir so, vielleicht geht es Ihnen ja ähnlich?

Auf jeden Fall möchte ich keine Zeit mehr vergeuden und habe mir dies auch ganz fest vorgenommen!

Viele Jahre befand ich mich auf der Suche nach dem Sinn meines Lebens. Ich wandte mich der Esoterik zu und dachte: Endlich werde ich Antworten auf die überreichlichen Fragen finden, die ich schon seit etlichen Jahren in mir trage.

Kennen Sie das auch, oder so ähnlich?

Rückblickend kann ich sagen: Es war ein beschwerlicher Weg, in den ich mich immer mehr verstrickte.

Im Jahr 2003 besuchte ich ein Heilungsseminar in der Südschweiz. Nach der Seminarwoche fuhr ich mit allerlei Gedanken im Kopf zurück in Richtung Göttingen. Richtig erklären kann ich es nicht, was da auf der Rückreise mit mir geschah. Ich schaltete mein Autoradio ein – und **plötzlich, wie aus heiterem Himmel, passierte es ...**

Jetzt, wo ich nach über 20 Jahren dieses Erlebnis niederschreibe, erkenne ich überrascht und erstaunt den wahrhaftigen, eigentlichen Wert dieses besonderen Ereignisses.

Im Nachhinein betrachtet, handelte es sich um die wichtigste Reise meines bisherigen Lebens. Ihnen, liebe Leserin und lieber Leser, möchte ich nun von dieser Tour und von dem Seminar in der Schweiz erzählen ...

Vorgeschichte ...

Das muss endlich anders werden, sagte ich mir zum hundertsten Mal, als ich, wie jeden Tag, die dreizehn Stufen der fliesenbesetzten Steintreppe aus dem ersten Stock bis zu meiner Haustür hinunterging. Seitlich auf jeder Stufe lagen Berge von irgendwelchem Kram – eine totale Unordnung. Dementsprechend war in dieser Zeit auch mein geistiges Leben in Unordnung. Dies war im Sommer 2003.

Mir ging es schon länger nicht mehr gut. Jedes Mal, wenn ich diese Treppe hinauf- oder hinunterging, erinnerten mich die Krimskrams-Haufen, die inzwischen beide Ränder der Treppe erobert hatten, an mein persönliches Chaos. Dabei dachte ich so vor mich hin: *Irgendetwas muss geschehen, diese Unordnung muss weg!*

Dieser Zustand hielt nun schon Monate an. Und jedes Mal, wenn ich die Treppe betrat, waren die zermürbenden Gedanken in mir präsent. Immer wieder diese mächtigen Gedanken: *Du musst was unternehmen, du musst was ändern – du musst aufräumen, endlich aufräumen!*

Es war eine innere Blockade in meinem Leben, die mir nicht bewusst war. *Warum räume ich nicht einfach auf, was ist los mit mir?* fragte ich mich wiederholt. Was *ist bloß mit mir los, warum habe ich so eine Abneigung gegen das Aufräumen?*

Ja, nicht nur tief in meinem Inneren spürte ich ein mächtiges Unwohlsein … gesund war das schon lange nicht mehr. Das dachte ich nicht nur, sondern fühlte es auch. Jede Zelle meines Körpers fühlte sich unwohl, so etwas nennt man wohl eine **depressive Phase** oder so ähnlich. – *Und ich muss aufpassen, dass daraus nicht eine handfeste Depression entsteht,* schoss es mir wiederholt durch den Kopf …
So vergingen Wochen und Monate.

Eines Morgens blätterte ich mehrere Esoterik-Magazine durch, die schon ein wenig älter waren. Mein Blick fiel auf eine „Esotera" – eine Fachzeitschrift für Esoteriker. Diese sah ich ebenfalls aufmerksam durch. Auf der Rückseite befand sich eine großformatige Anzeige, die für ein Heilungsseminar in der Schweiz warb. Eine Seminarwoche: „Heilen wie Jesus. Einführung ins Christozentrische Heilen" lautete der Titel, geleitet von Pfarrer Daniel Hari.

Sofort durchfuhr mich ein Schauer. Ich fühlte augenblicklich eine Affinität: *Das könnte dir helfen,* dachte ich sogleich. Ein Bauchgefühl, eine Intuition, der ich unbedingt und unverzüglich nachgehen wollte …

Woher kommen Intuitionen eigentlich, wissen Sie es? Ich glaube, inzwischen eine Antwort hierauf gefunden zu haben. Dazu später mehr …

Umgehend füllte ich eine integrierte Anmeldekarte für das Seminar aus und schickte sie per Post ab. Die Seminarwoche sollte im November 2003 am Luganer See in der Schweiz stattfinden …

Reisevorbereitungen

Am darauffolgenden Tag kaufte ich vier neue Winterreifen für meinen Mercedes 190 E – ganz entgegen meiner Gewohnheit. Normalerweise schaffte ich mir bei Bedarf nur zwei Winterreifen an, doch diesmal entschied ich mich gleich für vier. Es sollte sich noch bezahlt machen …

Einen Tag danach ging ich zur ADAC-Geschäftsstelle in Göttingen und ließ mir die Route zum Luganer See persönlich auf DIN A4 ausdrucken.

Ich sah mir den Ausdruck genauer an: Der Reiseweg verlief durch Süddeutschland und ein kurzes Stück durch Österreich (dafür brauchte ich ein Durchreise-Visum, das damals 8 Euro kostete, glaube ich), anschließend durch die gesamte Schweiz, bis kurz vor der italienischen Grenze. Hier lag mein Ziel: das Hotel Paladina, nur einen Steinwurf von dem malerischen Ort Pura entfernt.

Nun konnte nichts mehr schiefgehen, dachte ich …

Einen Tag vor der Abreise bekam ich nachmittags heftige Bauchschmerzen im Unterleibbereich. Sie waren so stark, dass ich mich früh schlafen legen musste. Als ich ins Bett ging, dachte ich natürlich mit Sorge an den nächsten Tag: *Wenn diese Schmerzen bis morgen früh anhalten, kannst du nicht in die Schweiz zum*

Heilungsseminar fahren, das wäre sehr schade, formulierte ich im Geist vor mich hin. Schade auch deshalb, weil ich alles so gründlich vorbereitet hatte und mich auf diese Reise innig freute. Die Vorfreude hatte inzwischen den Abenteurer in mir geweckt. Ich verspürte eine unbändige Lust, mal wieder etwas Neues kennenzulernen – und nun das!?

Die starken Unterleibsschmerzen begleiteten mich bis tief in die Nacht hinein – ich weiß nicht, wie lange. Gott sei Dank schlief ich dann irgendwann ein.

Am anderen Morgen wachte ich relativ früh auf, ich hatte mir bewusst keinen Wecker gestellt. Und es war unglaublich – wie durch ein Wunder waren meine Unterleibschmerzen verschwunden! Wie weggeblasen, einfach nicht mehr da! Ich spürte nur noch ein harmloses Zwicken im Bauch, das war alles.

„Hurra, ich kann fahren!", rief ich laut in mein Schlafzimmer hinein, vor Freude reckte ich beide Arme gen Himmel …

Anreise

Nach dem Morgenkaffee packte ich meinen Reiseproviant: Bananen, Fertig-Cappuccinos in Bechern, selbstgemachte belegte Brötchen usw. Am frühen Vormittag stieg ich in mein Auto und machte mich auf den Weg.

Zunächst fuhr ich auf der Autobahn A7 von Göttingen Richtung Kassel, Würzburg, Ulm bis zum Bodensee, dann ein kurzes Stück durch Österreich – Bregenz, Feldkirch – und anschließend längs durch die gesamte Schweiz, an Chur vorbei. Am Nachmittag erreichte ich den San-Bernardino-Tunnel im Kanton Graubünden.

Bei trübem, herbstlichem Wetter fuhr ich in den fast 7 km langen Tunnel hinein. Er war relativ schmal und niedrig, dabei sehr sparsam beleuchtet. Es herrschte kaum Verkehr, weder ein Auto hinter mir noch vor mir. Die Atmosphäre wirkte etwas gespenstisch. Ich befand mich in einer beängstigenden dunklen Röhre, die nicht zu enden schien. Eine Stunde war ich in der Röhre – ich meine natürlich in dem Tunnel – unterwegs.

Und dann auf einmal: ein Lichtblick! Die dunkle Trübe ließ nach, gleichzeitig hellte sich auch meine Stimmung auf. Das Ende des Tunnels nahte, es wurde immer heller und heller – und plötzlich erschien ein gleißendes Weiß am Tunnelausgang. Ja! Alles war weiß und mit Schnee bedeckt! Mich empfing eine herrliche Winterlandschaft, die im strahlenden Sonnenschein glitzerte.

Auf der Straße jedoch herrschte Chaos. Mehrere Autos verharrten rechts und links neben der Fahrbahn, einige gerieten ins Schlittern, ein Autobus stand schräg und kam auch nicht weiter. Und ich? Ich konnte einfach so in langsamem Tempo weiterfahren, ohne zu rutschen, ohne anzuhalten. Was für ein erhabenes Gefühl!

Ohne meine neuen Winterreifen hätte ich mit Sicherheit auch anhalten müssen, zumindest hätte sich mein Auto an der Rutschfahrt beteiligt, vielleicht wäre ich sogar liegen geblieben. Jedenfalls war ich froh, dass ich mir vor Reiseantritt vier Winterreifen aufziehen ließ. So konnte ich meine Fahrt ungehindert und mit einem guten Gefühl fortsetzen.

Der **San-Bernardino-Tunnel** in der Ost-Schweiz zählt – neben der Brennerautobahn und dem Gotthard-Tunnel – zu den wichtigsten Nord-Süd-Verbindungen über die Alpen nach Italien. Der 6,6 km lange Tunnel (Galleria San Bernardino) ist ideal für alle, die von München oder vom Vorarlberg nach Italien (Mailand, Genua) fahren möchten. Es empfiehlt sich jedoch, sich vorher zu informieren, ob hierbei eine Maut oder andere Kosten anfallen.

Der **San-Bernardino-Pass** ist eine gute Alternative zum Tunnel, wenn Sie das Panorama der malerischen Landschaft genießen möchten.

Am späten Nachmittag erreichte ich mein Ziel im landschaftlich schönen Tessin: das Hotel Paladina in der Nähe von Pura – mit einem herrlichen Blick auf den Luganer See …

Foto 1: Gegend - Luganer See, Schweiz

Ankunft und Begrüßung

Vor dem Hotel standen bereits etliche Autos, die mit den unterschiedlichsten Kennzeichen ausgestattet waren. Die meisten kamen aus verschiedenen Gegenden Deutschlands. Mehrere Seminarteilnehmer waren wohl schon angereist, so vermutete ich jedenfalls.

Ich sollte recht behalten.

Als ich die Eingangshalle des Hotels betrat, begrüßte mich das Personal sehr freundlich. Man führte mich in einen Raum, in dem schon viele Seminarteilnehmer warteten.

Gegen 18 Uhr betrat der Seminarleiter Daniel Hari, ein freischaffender Pfarrer aus der Schweiz, mit zwei Seminarhelfern den Raum. Es waren ungefähr 45 Teilnehmer versammelt, davon zwei Drittel Frauen und etwa ein Drittel Männer.

Die meisten Teilnehmer kamen aus Deutschland, einige aus der Schweiz und Österreich. Zwei Frauen waren sogar aus Skandinavien angereist – aus Finnland, glaube ich. (Die beiden lernte ich bald kennen, sie sprachen ein gutes Deutsch.)

Soweit ich mich erinnere, gab es nach der Begrüßung zuerst ein gemeinsames Abendessen in der Hotelhalle. Daniel Hari sprach ein kurzes Gebet für alle und teilte uns dann in Kurzform den

Seminarablauf für die gesamte kommende Woche mit.

Nach dem gemeinsamen Essen wollte er jeden Teilnehmer persönlich kennenlernen …

Kennenlerngespräch

Die kurzen Kennenlerngespräche fanden in einem Gästezimmer statt. Der Seminarleiter lud jeden dazu ein, mit ihm unter vier Augen zu sprechen. Dieses Angebot nahmen alle wahr – auch ich.

Daniel Hari fragte mich, was mich zu diesem Seminar bewogen hatte, ob ich zu Gott bete und inwieweit ich Jesus Christus kennen würde … (Da ich dies nach 20 Jahren niederschreibe, sind mir die genauen Fragestellungen nicht mehr ganz in Erinnerung. Aber an meine Antworten entsinne ich mich noch genau, teilweise sogar so gut, als wenn es gestern gewesen wäre.)

Über das Beten sagte ich ihm Folgendes: „Wenn ich um Hilfe oder Ähnliches bete, nehme ich gleich mit unserem Vater im Himmel Kontakt auf, also ich bete gleich zu Gott und nicht erst zu seinem Sohn Jesus Christus."

Meine bisherige Erfahrung und Vorgehensweise folgten dem Motto: Gott, der Vater, unser Vater im Himmel, ist der Chef; warum soll ich dann erst zu Jesus beten, wenn ich doch gleich zu dem Höchsten – unserem Schöpfer – beten kann? So in etwa waren auch meine Ausführungen gegenüber dem Pfarrer.

Daniel Hari lächelte leise in sich hinein und schaute mich dabei freundlich verstehend an. Er sagte nichts weiter. Ich denke, er wollte sich nur eine kurze Info über jeden Teilnehmenden einholen. Auf diese Weise wollte er erfahren, wie man zu JESUS und zu Gott steht bzw. ob man überhaupt weiß, wofür Jesus auf die Erde gekommen ist. Schließlich stand das Seminar ja unter dem Leitgedanken oder Leitsatz: „Heilen wie Jesus. Einführung ins Christozentrische Heilen". Die Konzentration auf Jesus sollte dabei im Vordergrund stehen.

Nach den Einzelbegrüßungen, die sich ein paar Stunden hinzogen, verließen wir gemeinsam das Hauptgebäude des Hotels und gingen zu unseren gebuchten Zimmern. Diese befanden sich in mehreren kleinen Gästehäusern, die auf einem großzügigen Gelände verteilt waren, das reichlich mit Bäumen, Sträuchern, Beeten und Blumen versehen war.

Foto 2: Eindrücke vom Hotel-Paladina
am Luganer See, Schweiz

Seminarbeginn

Tag 1

Ich wohnte in einem Gästehaus, in dem auch zwei befreundete Schweizerinnen untergebracht waren – Pierette und Beatrice. Die beiden lernte ich am ersten Morgen auf dem Weg vom Nachtquartier zur Hotelhalle näher kennen. Wir kamen rasch in Kontakt und sollten uns von nun an öfters „zufällig" treffen (wir waren ja im selben Gästehaus untergebracht und hatten täglich denselben Weg).

Als wir uns am ersten Morgen versammelten, sangen wir zunächst zwei, drei Lobpreislieder. Dabei begleitete uns eine Seminarhelferin am Keyboard. Anschließend hielt der Pfarrer eine Kurzandacht, bevor wir dann das gemeinsame Frühstück zu uns nahmen. Auch während des Frühstücks unterhielt ich mich mit den beiden Schweizerinnen.

Nach einer ausgedehnten halbstündigen Pause gingen alle Teilnehmer gemeinsam zu einem Seminarhaus auf dem Gelände. Darin befanden sich zwei große Seminarräume für etwa je 50 bis 80 Personen.

Zu Beginn sprach unser Pfarrer ein Gebet und dann startete das Seminar mit einer kurzen Vorstellungsrunde. Sämtliche Teilnehmer sagten ihren Namen und erzählten, woher sie kamen. Vor allem sollten wir unsere Beweggründe nennen, die uns hergeführt hatten, unsere aktuellen Herausforderungen oder Probleme. Der Pfarrer interessierte sich für die Motivation, die uns dazu bewogen hatte, an diesem außergewöhnlichen Seminar teilzunehmen.

Lesen aus dem Neuen Testament

Anschließend erzählte uns Pfarrer Daniel Hari von Jesus Christus, von seinem Leben und dem Sinn seiner Mission, von seiner Einmaligkeit und seinem Wirken hier auf der Erde bei uns Menschen. So meine ich mich zu erinnern …

Danach las uns Daniel Hari laut aus der Bibel vor – verschiedene Briefe und andere Geschichten aus dem Neuen Testament.

Wir diskutierten über einige Aussagen und den Sinn dieser Texte. Zwischendurch machten wir eine Pause, danach ging es weiter bis zu einer ausgedehnten Mittagspause. Ich meine, diese dauerte mindestens zwei Stunden, sodass auch die Gelegenheit für einen Mittagsschlaf bestand. Diese Möglichkeit nahmen einige Teilnehmer wahr, soweit ich mich erinnere. Ich war auch sporadisch dabei.

Tag 2

Am zweiten Seminartag bekam jeder Teilnehmer von Pfarrer Hari ein Buch geschenkt, mit dem Titel: **„Das Neue. Die gute Nachricht"**. Es war das Neue Testament mit vielen farbenprächtigen Bildern und Informationsseiten. Das Buch sollte unser Seminar unterstützend begleiten.

Soweit ich mich erinnere, stand im Seminarraum auch ein Keyboard und wir sangen immer wieder zwischendurch Lobpreislieder. Eine Frau vom Seminarteam begleitete uns dabei auf dem Musikinstrument.

Foto 3: Buchtitel

Gespräche über die Taufe

Tag 3

Ich denke, der dritte Tag war ein Montag.

Wir setzten das Seminar in oben beschriebener Weise fort. Anschließend, in der ausgedehnten Mittagspause, ging ich mit einigen Teilnehmerinnen spazieren.

Wir unterhielten uns über Gott und die Welt – und plötzlich meinte eine Frau: „Ich überlege, ob ich mich hier taufen lassen sollte."

Erstaunt fragte ich sie: „Wieso? Ich dachte, wir Teilnehmer sind alle schon getauft. Wozu denn jetzt noch einmal taufen lassen?"

Sie erzählte mir kurz ihre Beweggründe und nannte mir Argumente aus der Bibel, die ich zu diesem Zeitpunkt aber weder kannte noch verstand. Ich fand es vorerst nicht so wichtig für mich. Dies sollte sich aber bald ändern …

Im Seminar sangen wir viel. Besonders ist mir ein Lied in Erinnerung geblieben: „Öffne mir die Augen, ich will Jesus sehen und sagen, ich lieb dich". Es ging mir und den meisten Teilnehmern sehr nahe, praktisch unter die Haut. Jede Zelle wurde irgendwie berührt und ich spürte oft eine Harmonie und einen innerlichen Frieden beim Singen dieses Liedes. Das Gefühl hielt danach noch eine Weile an. Ähnlich empfanden es auch weitere Teilnehmer, wie ich von ihnen ab und zu bei privaten Gesprächen während der langen Mittagspause erfuhr.

Überhaupt: Wir alle umarmten uns oft herzlich und liebevoll. Jedes Mal tat es mir sehr gut. Mich durchströmte ein Gefühl, das mich seelische Kraft tanken ließ. Ich weiß gar nicht, wie ich es anders beschreiben soll.

Es war seelisch erbauend, so möchte ich es nennen, emotional erbauend, ein schönes, wohliges Gefühl, das mir Frieden und Harmonie spendete. Die vielen Umarmungen erinnerten mich an meine Kindheit, als meine Mutter mich immer mal wieder umarmte, wenn ich traurig war.

Tag 4

Wir studierten weiter die Bibel. Abwechselnd lasen jetzt Seminarteilnehmer vor und wir diskutierten – stellten Fragen. Antworten kamen teils aus der Gruppe. Wenn Aussagen nicht der Bibel – also Gottes Wort – entsprachen, korrigierte uns Daniel Hari anschließend.

Im Nachhinein muss ich sagen: Man könnte es auch als ein kleines Bibelstudium bezeichnen, was wir in dieser Woche absolviert hatten.

Am Abend sahen wir uns einen „Jesusfilm" an. (Ich meine, es war am vierten Tag. Vielleicht haben wir ihn aber auch erst am nächsten Abend angesehen?)

Sinn der Wiedergeburt – Taufe

Tag 5

Wir sprachen über den Sinn der Wiedergeburt und was es heißt, von Neuem getauft zu werden. Ausführlich und engagiert diskutierten wir darüber, lasen Auszüge aus der Bibel.

Insbesondere das **Begleitbuch zum Seminar – *„Heilen wie Jesus"* –**, vom Seminarleiter selbst geschrieben, veranschaulicht diesen wichtigen, bedeutenden Sinn der Taufe, da wir schon in diesem Leben die Wiedergeburt erfahren können und dies auch sollten …

In Daniel Haris Buch *„Heilen wie Jesus"* ist zu lesen:

Jesus selbst hat innerhalb seiner Lehren das Thema „Wiedergeburt" behandelt. Diese lebensverändernde Transformation ist außerordentlich wichtig. Wenn Sie darüber noch nie etwas gehört haben, liebe Leser, sind Sie keineswegs eine Ausnahme. Ich selbst hatte bis dato nur Oberflächliches von dieser sog. Wiedergeburt gehört.

Im dritten Kapitel des Johannesevangeliums ist von einer interessanten Begegnung die Rede, die Jesus in einer Nacht mit einem Mann namens Nikodemus machte. Dieser war nicht nur ein Theologe, sondern darüber hinaus auch noch einer der führenden Männer am jüdischen Gerichtshof. Damit er von niemandem gesehen wurde, kam er heimlich, als es draußen dunkel war, zu Jesus und sprach ihn wie folgt an: „Meister, ich und meine Gesinnungsgenossen wissen, dass Gott dich als Lehrer zu uns gesandt hat. Denn all deine Taten und die vielen Zeichen und Wunder beweisen, dass Gott mit dir ist."

Jesus hat auf dieses geradezu schmeichelhafte Bekenntnis dem Nikodemus Folgendes gesagt: „Auch du, Nikodemus, musst bereits hier auf dieser Erde eine Wiedergeburt erleben!"

Für den verstandesmäßigen Denker Nikodemus war diese Lehre ganz offensichtlich eine Überforderung. Verständnislos fragte er deshalb: „Wie soll denn so etwas geschehen können? Ich kann doch unmöglich als erwachsener Mensch von Neuem geboren werden! Sollte ich noch einmal in den Mutterleib zurück und so von Neuem geboren werden?"

Nikodemus hatte ganz offensichtlich den falschen „Sender" eingeschaltet. Er begriff in keiner Weise, von welcher Art Wiedergeburt Jesus sprach. Ihm war die ganze Sache zu hoch und er dachte wahrscheinlich, dass Jesus irgendwie nicht mehr richtig ticken würde. Doch er irrte sich gewaltig. Denn wir wissen inzwischen, wie tiefgründig die Worte von Jesus Christus sein können. Und *wir haben auch bereits schon entsprechende Erfahrungen damit gemacht.*

Jesus wandte sich, obwohl Nikodemus diese Wiedergeburtslehre nicht mit seinem Verstand erfassen konnte, noch einmal an ihn: „Ich sage dir, mein Freund, es gibt keine andere Möglichkeit: Wer nicht umkehrt und durch Gottes Geist neu geboren wird, der kann nicht in Gottes Reich kommen!"

Und dann sagte Jesus dem Nikodemus etwas ganz Entscheidendes:

„Ein Mensch kann immer nur menschliches und somit vergängliches Leben zeugen; *der **Geist Gottes jedoch gibt** das neue, **das ewige Leben.** Wundere dich deshalb nicht, wenn ich dir gesagt habe, dass alle Menschen von Neuem geboren werden müssen."*

Die Lehre von Jesus Christus *ist für uns eine sehr ermutigende, indem er uns versichert, dass wir schon im jetzigen Leben von Neuem geboren werden können. Jesus sagt uns mit dieser Geschichte sogar, dass wir durch diese Neugeburt erlöst werden.*

Obwohl dieses Thema schon seit mehreren hundert Jahren allen Bibellesern zugänglich ist, haben die christlichen Kirchen im Allgemeinen nur wenig darüber gelehrt. *Im Grunde genommen ist dies äußerst schandvoll, eigentlich „skandalös",* wie Daniel Hari in seinem Buch – *„Heilen wie Jesus"* – schreibt, denn durch dieses Nichtlehren wurden uns zentrale Inhalte der christlichen Botschaft vorenthalten.

Buch zum Seminar –
„Heilen wie Jesus"

„Heilen wie Jesus" ist mehr als nur ein Buch. Es ist eine Pflichtlektüre für jeden, der die göttlichen Heilkräfte wirksam einsetzen will.

Dies ist ein Buch für alle, die spirituell und für heilende Energien offen sind.

Auch esoterisch Interessierte profitieren von den fachlich kompetenten Ausführungen.

Die traditionelle Christenheit wir durch die selbstkritischen Aussagen des Autors zu neuem Nachdenken über die Wirksamkeit der heilenden Kräfte und Lebensenergien von Jesus Christus neu herausgefordert.

Foto 4: Titelbild „Heilen wie Jesus"
von Daniel Hari

Darüber hinaus bietet dieses Buch einige ganz praktische Beispiele und Anleitungen, um die
Wirksamkeit sowie die damit verbundenen Heilerfolge effizient steigern zu können.

Zahlreiche wertvolle, selbsterlebte Beispiele und Erfahrungen aus der Praxis runden dieses
leicht verständliche und gut lesbare Werk ab.

Der Schweizer Esoterikpfarrer – Daniel Hari – ist ein bekannter Seminarreferent und
Vortragsredner im deutschen Sprachraum.

Bücherverbrennung

Die Bibel-Lektüre und die Gespräche bewogen einige von uns dazu, sich erneut taufen zu lassen. Zuvor beabsichtigten wir jedoch, uns von unserem alten Leben – ohne Jesus – zu trennen und unser neues Leben – ein Leben mit Jesus – zu beginnen. Dies wollten wir auch offiziell kundgeben, untermauern und demonstrieren, indem wir uns mit einem Ritual von der Esoterik verabschiedeten.

Alle Teilnehmer besaßen mehr oder weniger ausgedehnte Esoterik-Kenntnisse. Einige hatten auch ein paar Esoterik-Bücher mitgebracht, vielleicht waren es drei Viertel der Gruppe. Daher beschloss unser Seminarleiter eine **Bücherverbrennung** dieser mitgebrachten Lektüren.

Wir vollzogen sie am späten Nachmittag unter freiem Himmel. Alle Teilnehmer trafen sich draußen auf einem großen Platz im Grünen und jeder legte ein bis drei Bücher zu einem Haufen zusammen. Auch ich hatte zwei Esoterik-Bücher dabei und legte sie dazu. Wir stellten uns im Kreis um die gestapelten Bücher herum und dann zündete unser Seminarleiter den Haufen an. Dabei sangen wir ein Lobpreislied. Rasch entstand ein loderndes Feuer und die Flammen verzehrten im Nu die offenbar trockenen Seiten der Bücher und Broschüren.

Hoch loderten die Flammen, wir standen im Kreis um dieses eindrucksvolle Feuer herum und sangen mehrere Lobpreislieder. Eigentlich war es ein wegweisendes Ritual: Wir wollten unser „altes Leben" loslassen, „verbrennen", im wahrsten Sinne des Wortes, die Esoterik loslassen, mitsamt ihren okkulten Methoden und dubios belasteten Heilpraktiken, um jetzt ein „neues Leben" zu beginnen, ein Leben mit Jesus Christus!

Foto 5: Zeichnung – Bücherverbrennung

Esoterik, was ist das eigentlich?

Esoterik, von altgriechisch *esoterikos* („innerlich", dem inneren Bereich zugehörig, von innen her verstehbar), ist in der ursprünglichen Bedeutung des Begriffs eine philosophische Lehre, die nur für einen begrenzten, „inneren" Personenkreis zugänglich ist.

Andere traditionelle Wortbedeutungen beziehen sich auf einen inneren, spirituellen Erkenntnisweg, etwa synonym mit Mystik, oder auf ein „höheres absolutes Wissen".

Im populären Sprachgebrauch versteht man unter „Esoterik" vielfach „Geheimlehren". Ebenfalls sehr gebräuchlich ist der Bezug zu einer „höheren Erkenntnis" und zu Wegen, welche zu dieser führen sollen.

Esoterik wird heute vor allem als Sammelbegriff gebraucht; er umfasst alle Anschauungen, Glaubenssysteme und Praktiken außerhalb des christlichen Glaubens, die mit der Realität von unsichtbaren, übersinnlichen Kräften rechnen und diese für die verschiedensten Bereiche nutzbar zu machen versuchen.

Es geht dabei um Kräfte, die persönlicher Natur sein können, etwa beim Versuch, in Kontakt mit Geistern zu treten, beispielsweise um mehr über die Zukunft zu erfahren (Mantik und Wahrsagerei), oder um die gegenwärtige bzw. die zukünftige Situation mit Hilfe von Geistwesen zu beeinflussen (Magie).

Wo es um den persönlichen Kontakt mit personalen Geistwesen geht, spricht man von „Okkultismus", abgeleitet vom lateinischen *occultus* – was übersetzt „verborgen" bedeutet. Es ist nun allerdings so, dass vieles, was früher unter dem negativ belasteten Begriff „Okkultismus" lief, heute unter dem neutraleren Stichwort „Esoterik" abgehandelt wird. Noch vor rund 40 Jahren war das Wort „Esoterik" nur ein paar Eingeweihten bekannt und diente vor allem als Begriff für geheimes Wissen und für damit verbundene spirituelle Erfahrungen.

Des Weiteren wird das Adjektiv „esoterisch" in unserem Sprachraum häufig abwertend, im Sinne von „unverständlich" oder „versponnen", verwendet. Diese Bedeutung impliziert den Hinweis, dass „esoterisches Wissen" einst nur von einem ausgewählten, „inneren" Kreis verstanden wurde. „Esoterische" Erfahrungen waren in der ursprünglichen Wortbedeutung nur solchen Menschen zugänglich, die dazu veranlasst bzw. in diese eingeführt worden waren, während das „exoterische Wissen" allgemein und „von außen" zugänglich war.

Im Zuge des New Age, des sog. „Neuen Zeitalters", wurde dieses verborgene Wissen nun

40

allen Interessierten zugänglich gemacht. Damit erhielt auch das Wort „Esoterik" die bereits beschriebene umfassende Bedeutung. Im englischen Sprachraum hat sich der Begriff „Esoterik" allerdings bisher nicht durchsetzen können, man spricht dort vielmehr vom „New-Age-Glauben", von „New-Age-Therapien" usw.

Heilungssuche in der Esoterik –
Lebensfragen

Voller Elan wollte ich mir früher diese Art von „Geheimwissen" aneignen. Ich interessierte mich für Bachblütentherapie, Reiki-Anwendungen durch sog. Reiki-Meister, Homöopathie, Akupunktur, Kartenlegen, Pendeln, Geistheilung, Qigong bis hin zur Reinkarnations-Therapie.

Ich probierte vieles aus, nahm unterschiedliche Behandlungen und Anwendungen wahr, daneben absolvierte ich sporadisch auch Seminare.

Ein Erfahrungsbeispiel, stellvertretend für viele sog. Heilbehandlungen, möchte ich anhand einer Reiki-Anwendung (eine fernöstliche Geistheilmethode) kurz schildern.

Diese Behandlung fand in einer schulmedizinischen Praxis statt, bei einem Neurologen in Göttingen. Dort war eine Krankenschwester angestellt, die nebenbei auch Gelegenheit hatte, Reiki-Behandlungen bei Patienten in der Praxis durchzuführen. Bei ihr buchte und belegte ich einige Anwendungen im Liegen, auf einem gepolsterten Tisch. Die Krankenschwester stand neben mir und berührte mich bei geschlossenen Augen sanft mit den Händen. Dazu legte sie ihre Handflächen auf wichtige Organe und Drüsen, ebenso auf die Orte, an denen sich die Chakren befinden. Eine solche Behandlung dauerte etwa 15 Minuten.

Anfangs erfuhr ich wirklich Linderung bei einigen Beschwerden. Nach zwei, drei Wochen jedoch blieben weitere Anwendungen völlig wirkungslos. Ja, und wiederum nach ein paar weiteren Behandlungen spürte ich Angst- und Unruhezustände. Soweit ich mich erinnere, verfolgten mich sehr unangenehme, „dunkle" Träume. Aufgrund dessen ließ ich dann keine weiteren Behandlungen mehr bei mir durchführen!

Trotz des teilweisen christlichen Aussehens hat Reiki, wie auch jede andere Art von Geistheilung, einen okkulten Hintergrund. Deswegen sei vor jeder Art von geistheilerischen Aktivitäten dringend gewarnt! Genau wie die TM (Transzendentale Meditation) praktizieren auch Reiki und Qigong die Religion des Antichristen.

(Zusammengefasst aus dem Buch von Dr. Mathias Kropf: *„Alternative Heilmethoden. Ein ärztlicher Leitfaden aus biblischer Sicht."*)

Über zwei Jahrzehnte lang ging ich den mühsamen Weg der Esoterik. Ich befand mich auf einer unaufhörlichen Suche nach Gesundheit, Glück, Liebe,

Erfüllung, innerem Frieden. Vor allem forschte ich nach dem Sinn unseres Lebens hier auf der Erde.

Es war kein leichter, manchmal sogar ein relativ düsterer Weg. Im Laufe der Jahre sah ich mich immer stärker von dunklen Kräften umgeben. Mit der Zeit umhüllte mich die dunkle Welt zunehmend mehr, innerlich spürte ich eine stetig größer werdende Leere. Je mehr ich auf diesem Weg nach Antworten suchte, umso verwirrter und haltloser wurde ich. Dennoch setzte ich unbeirrt diesen finsteren, traurigen Pfad der Esoterik fort.

Außerdem brachte mir die unaufhörliche Suche manchmal überraschend Neues. Ich gewann spannende, wenn auch negative, Erkenntnisse. Eine innerliche Kraft trieb mich unaufhörlich weiter. Wie ein Generator ließ sie mich meine Suche nach dem Sinn des Lebens auf diesem Weg fortführen. Ich probierte einiges aus, machte Anwendungen und Experimente, um Erfüllung, Liebe, Gesundheit, inneren Frieden zu finden.

Schließlich wurde meine beharrliche Suche nach über 20 Jahren belohnt. Ich bekam endlich Antworten auf die Frage nach dem Sinn unseres Lebens, und eine himmlische Freude durchströmte mich …

Doch dazu später mehr.

Zurück zum Seminar:

Ab jetzt wollten wir Seminarteilnehmer einen neuen Weg gehen, den Weg mit Jesus Christus, den Weg, der zum Leben führt …

Im Wort Gottes – in der Bibel – steht es: „Niemand kommt zum Vater denn durch mich, ich bin der Weg, die Wahrheit und das Leben", sagt Jesus! (1. Joh. 14, 6)

Angebot – Taufe

Tag 6

Wir führten das Bibelstudium fort. Vor allem erzählte uns Daniel Hari von der Bedeutung, die die „Wiedergeburt schon in diesem Leben" hat.

Ich hatte darüber bisher nur wenig gehört. Die anschließende Diskussion beruhigte mich, Gott sei Dank: Ich sei keineswegs eine Ausnahme, wurde mir nicht nur vom Pfarrer, sondern auch von anderen Seminarteilnehmern bestätigt!

Die Wiedergeburt, so wie Jesus sie gelehrt hat, ist eine Erfahrung, die absolut nicht kompatibel ist mit der Reinkarnationslehre. Letztere besagt, dass ein Mensch im Anschluss an seinen natürlichen Tod eine Wiederverkörperung erlebe bzw. die Seele immer und immer wieder neu inkarniert werde.

Der christlichen Wiedergeburtslehre hingegen liegt folgender Gedanke zugrunde: Ein Mensch kann immer nur menschliches und somit vergängliches Leben zeugen; der Geist Gottes jedoch gibt das neue, das ewige Leben.

Jesus sagte gegenüber Nikodemus etwas ganz Entscheidendes: „Wundere dich deshalb nicht, wenn ich dir gesagt habe, dass alle Menschen von Neuem geboren werden müssen." (1. Joh. 3,3)

Diese Wiedergeburt geschieht durch Ritual und Taufe.

Christus befreit zu einem neuen Leben. Was folgt nun daraus? Sollen wir ruhig weitersündigen, damit die Gnade sich noch mächtiger entfalten kann? Unmöglich!

Im Folgenden zitiere ich aus dem Buch „*Das Neue – Die Gute Nachricht*". Diesen Artikel haben wir Teilnehmer am sechsten Tag im Laufe des Seminarunterrichts gelesen.

Durch Jesus Christus befreit zu einem neuen Leben

Foto 6: Taufe am Felsen - iStock

Das Untergetaucht werden im Wasser der Taufe ist ein symbolisches Sterben. Wir werden hineingenommen in den Tod, aber auch in die Auferstehung von Jesus. Als Getauften ist uns ein neues Leben geschenkt!

Die Sünde hat kein Anrecht mehr auf uns, für sie sind wir tot – wie könnten wir dann noch weiter in der Sünde leben? Ihr müsst euch doch darüber im Klaren sein, was bei der Taufe mit euch geschehen ist:

Wir alle, die „in Jesus Christus hinein" getauft wurden, sind damit in seinen Tod hineingetauft, ja

48

hineingetaucht worden. Durch diese Taufe wurden wir auch zusammen mit ihm begraben. Und, wie Christus durch die Lebensmacht Gottes, des Vaters, vom Tod auferweckt wurde, so ist uns ein neues Leben geschenkt worden, in dem wir nun auch leben sollen.

(Aus: „Das Neue – Die Gute Nachricht.“)

Taufe im Luganer See

Tag 7

Wir führten das Bibelstudium fort.
Anschließend fuhren wir mit unserem Pfarrer und zwei Begleitern zum angrenzenden, wunderschönen Luganer See. Etwa 20 Teilnehmer – darunter auch ich – wollten sich nun in dem See, der zu dieser Jahreszeit relativ kalt war, taufen lassen.

Einer nach dem anderen watete in voller Montur (komplett angekleidet) langsam ins Wasser hinein, wo uns der Pfarrer und seine beiden Helfer empfingen. Sie hielten unseren Oberkörper komplett unter Wasser und Daniel Hari sagte zu jedem Täufling: **„(Name), ich taufe dich im Namen des Vaters, des Sohnes und des Heiligen Geistes, Amen!"**

Als wir anschließend durch den kalten See zum Ufer zurückgingen, spielte ein junger Mann, der wohl vom Seminarleiter eingeladen worden war, Gitarre und sang dazu wohlklingende Lobpreislieder. Wir ließen uns gern – trotz nasser Kleidung – auf diese himmlisch-musikalische Atmosphäre ein. Alle Täuflinge sangen herzhaft laut und fröhlich mit. Dabei umwob uns eine romantisch-glückliche, irgendwie neuartige, befreiende und ungewohnt fröhliche Stimmung.

Nach einer Weile, als wir unsere mitgebrachte Kleidung gewechselt hatten, gingen wir langsam zum entfernten Parkplatz zurück, wo wir unsere Autos geparkt hatten.

Unterwegs waren wir vergnügt: Der eine sang, die andere auch, eine Dritte murmelte in sich hinein. Ich schleuderte meine Reisetasche mit der nassen Kleidung vor lauter Freude hoch in die Luft. Pfarrer Hari, der hinter mir ging, lachte herzhaft, laut und schallend.

Foto 7: Zeichnung Taufe – Wiedergeburt

Seminarende

Tag 8 –Abreise

Nach dem gemeinsamen Frühstück hielt unser Seminarleiter Daniel Hari eine erbauende Abschlussrede und alle Teilnehmer sprachen ein gemeinsames Gebet.

Viele tauschten Adressen untereinander aus, dann verabschiedeten wir uns wehmütig voneinander. Die meisten Teilnehmer waren mit ihrem Auto angereist, stiegen nun ein und traten die Heimfahrt an. Trotz der Winterzeit herrschte ein gutes, angenehmes Reisewetter.

Foto 8: Luganer See; iStock

Rückfahrt

Nun saß ich allein im Auto, nach all den christlich geprägten Gesprächen über Jesus, sein Leben und Wirken. Zudem hatte ich die Seminarteilnehmer und andere Menschen im Sinn. Mein Kopf war angefüllt mit Gedanken und Reflexionen über die Seminarwoche: die vielen Begegnungen und Gespräche, die wir über Jesus und den Sinn unseres Lebens geführt hatten …

So fuhr ich stundenlang durch die Schweiz, links und rechts die gewaltigen und beeindruckenden Berge. Riesige Felswände erhoben sich zu beiden Seiten empor. Während der Fahrt bot sich mir ein gewaltiger Eindruck von Gottes mächtiger Schöpfung. Ein Schauplatz von Gottes grenzenloser Kreativität in der Natur. Diese beachtlichen Anblicke gruben sich tief in mein Inneres. Eine ehrfürchtige Haltung stieg in mir auf, ein erfüllendes Gefühl von der Schöpfung, von unserem Schöpfer. *Kein Mensch kann so etwas Mächtiges schaffen*, dachte ich mir …

Eine harmonische Stille begleitete mich während der Fahrt. Es fühlte sich beinahe so an, als würde Jesus im Geiste auf meinem Beifahrersitz sitzen. Ja, vielleicht fuhr Jesus als Begleitung mit mir mit …

Himmlische Klänge ...

Nach stundenlanger, scheinbar endloser Fahrt passierte ich die Grenze nach Deutschland. Etwa eine Stunde später befand ich mich auf der Autobahn Richtung Zuhause.

Da ich austreten musste, fuhr ich kurz vor einer Raststätte auf einen Parkstreifen, der parallel zur Autobahn verlief. Ich hielt an, stieg aus und ging ein paar Meter ins Gebüsch hinein.

Während ich mich entleerte, schaute ich entspannt nach oben und sah auf zwei mittelgroße Bäume. Der eine, links vor mir, trug rote Früchte; der andere, rechts vor mir, blaue. Ich stand genau in der Mitte der beiden Bäume und dachte so vor mich hin: *Hm, Ende November und solche Früchte an den Bäumen, die kenne ich gar nicht ...* Ich hatte so etwas zu dieser Jahreszeit bisher noch nie gesehen.

Ich ging zurück zu meinem Auto, stieg ein und schaltete das Autoradio an. Ein Lied erklang: „One Moment in Time" von Whitney Houston.
Und plötzlich, wie aus heiterem Himmel, änderte sich meine Wahrnehmung.

Was ist das? fragte ich mich. Die Musik klang auf einmal so **himmlisch,** so rein, so klar, so friedlich, so unendlich berührend schön. Ein heiliges Gefühl ergriff mich.

Ich weiß gar nicht, wie ich es Ihnen beschreiben soll. Die Musik klang einfach himmlisch, wie aus einer anderen Welt.

Eine andere Dimension der Wahrnehmung tat sich in mir auf. Die heiligen, friedvollen Klänge durchdrangen jede Zelle meines Körpers, mein ganzes menschliches Wesen wurde berührt, völlig unerwartet.

Solche Klänge hatte ich bisher noch nie gehört. Es war eine nie dagewesene, bezaubernde Musik, die da aus meinem Autoradio tönte. Ich nahm sie mit all meinen Sinnen wahr.

So muss der Himmel klingen. Ja, so muss es im Himmel klingen, dachte ich.

Dieses Lied – hunderte Male gehört – klang auf einmal so ergreifend-herrlich, rein und berührend. Ich vernahm eine andere Dimension dieser Musik, die mit nichts zu vergleichen war, unfassbar und unbeschreiblich schön. Ich war verzaubert, völlig hingerissen, gefangen – fasziniert von diesen wundervollen, himmlischen, heiligen Klängen.

Ich fühlte mich wie von der Erde abgehoben, irgendwie losgelöst von allem, ein unbeschreiblich schönes Gefühl ergriff mich, eine wunderbare Stimmung – ja, eine heilige Geborgenheit. Dieses reine, völlig friedliche Gefühl erfasste mein ganzes Sein.

Tiefer Frieden durchströmte meinen Körper und tränkte jede Zelle meines Wesens.

Mein ganzes Sein, meine komplette Verfassung änderte sich. Ich war im völligen Hier und Jetzt, ohne Zeitgefühl. Diese fantastische Musik hörte ich nicht nur. Es war vielmehr so, als wäre ich jetzt selbst Teil dieser himmlischen Musik, die in mir und durch mich erklang. Ich saß einfach nur still da, ohne auch nur einen Laut von mir zu geben, und dennoch hatte ich das Gefühl, in diesem himmlischen Klang mitzuschwingen.

Die Atmosphäre dieser Musik wogte um mich herum, sie umhüllte mich, über mir, unter mir, neben mir, mit mir, sie durchbebte mein ganzes Fleisch und Blut, all meine Sinne …

Harmonische, zeitgleich kraftvolle Wellen glanzvollster Musik. Der Gesang schien mich jetzt ganz einzuhüllen. Ich fühlte mich als ein Teil dieser Musik – ein Zustand ohne jegliche Angst, ohne Sorgen, unsagbar entspannt, eine heilige, wunderbar-unerklärliche Stimmung.

Im völligen Bewusstsein erfreute ich mich meines Daseins, ich war einfach da. Zweifellos existierte ich – dieser Zustand war absolut real!

Die Musik versetzte mich in eine andere Dimension in dieser momentanen Gegenwart. In mir breitete sich das Gefühl unendlichen Friedens aus, den unsere Welt normalerweise nicht geben kann. Jede Zelle meines Körpers schien nicht nur davon ergriffen zu sein, sie war es …

Ein Moment außer der Zeit ...

Nicht ein einziger Gedanke an Gestern oder Morgen meldete sich, ich war im Hier, im völligen Hier und Jetzt. So möchte ich es und muss ich es beschreiben: Vergangenheit, Gegenwart und Zukunft waren miteinander verschmolzen, die verschiedenen Zeitformen waren völlig aufgelöst.

Ein paar Gedanken im Nachhinein:

Zeit scheint es in dieser anderen Dimension nicht zu geben, weil alles sich auf den Erlebnismoment – das Jetzt – konzentriert, in einer Art Leichtigkeit des Seins. Ähnlich wie die Leichtigkeit eines Kindes, das Zeit und Raum vergisst, wenn es vielleicht einen Schmetterling auf dem Weg zur Schule sieht und sich völlig in dieser Situation verliert ...

Innerlich stellte ich mir überhaupt keine Fragen, alles war ganz und gar vollkommen. Irgendwie spürte ich, dass ich alles wusste, was ich wissen sollte oder musste, und dass es nicht nötig war, irgendeine Frage zu stellen. Ich fühlte mich einfach (hier) existierend, ohne einen einzigen negativen Gedanken.

Dieses Gefühl von grenzenlosem Frieden, ohne jegliche Angst, ohne körperlichen Schmerz, erschien mir – ja, wie soll ich es nennen – wie eine andere Form des Seins. **Ich würde es im Nachhinein einen heiligen, paradiesähnlichen Zustand nennen wollen, vielleicht eine höhere Form des Seins, womöglich ein Stück Himmel, ein paradiesischer Zustand in diesem Moment ohne Zeit ...** Alles war aufgehoben, im wahrsten Sinne des Wortes – nach oben gehoben in Richtung Himmel, in eine spürbare Endlosigkeit gehoben, wie auch immer ...

Jede Zelle meines Körpers war durchflutet von diesem paradiesischen Zustand, in einem nie gekannten glücklichen Befinden, ein übermenschliches Empfindungserleben des Seins.

Ähnlich wie Whitney Houston es singt: „I will feel eternity" – (Ich werde die Ewigkeit fühlen).

Als ich mich in diesem völligen Hier und Jetzt befand, wo die Zeit sich aufzulösen schien, hatte ich das Gefühl, nicht mehr auf der Erde in Raum und Zeit gefangen zu sein, sozusagen zeitlos, aber voll existent. Mein Bewusstsein war vorhanden, ich war einfach da, einfach existierend: **Ich bin, ich bin da, ich existiere und denke** – vielleicht ohne es zu wissen, weil ich wohl nicht zu denken brauchte. Im völligen Hier und Jetzt sind Gedanken gänzlich überflüssig. Unser Denken ist jedoch immer mit der Zeit verbunden: In diesem Augenblick gab es für mich keine Zeit. Wo ist das Gestern, wo bleibt das Jetzt, wo ist die Zukunft?

Irgendwie verschmolz alles im Jetzt. – Es ist schwer vorstellbar, weil wir Menschen scheinbar gefangen sind in Raum und Zeit.

Mein Denken in diesem Moment, in dieser kurzen **„Nichtzeit"** (so möchte ich es einmal nennen) war anders. Ich dachte „nur" in der Gegenwart, aber ohne jegliche negative emotionale Beteiligung, ein Denken ohne Bewertungen. Ich möchte es „neutral", „angenehm", „sehr lebenswert" nennen.

Möglicherweise war es überhaupt kein Denken, weil ich im völligen Hier und Jetzt war, weil die Zeit irgendwie nicht existierte. Dies ist im Nachhinein nur schwer zu beschreiben, weil mein Denken im Moment des Erlebens keine Bedeutung für mich hatte.

Es ist nur ein Erklärungsversuch, den ich jedoch schwer vermitteln kann. In diesen Augenblicken der zeitlosen Zeit besitzt das Denken keinen Raum, steht wohl auch nicht zur Verfügung, weil es, wie schon gesagt, wohl nicht wichtig, ja überhaupt nicht notwendig ist. (Ich hoffe, Sie können es irgendwie nachvollziehen, denn ich bemerke meine Unzulänglichkeit, diesen Zustand auf unser irdisches Empfinden zu übertragen, zu transformieren.)

Wenn wir Menschen denken, denken wir ans Morgen oder an Vergangenes. Selbst wenn wir im

Jetzt denken, vergeht Zeit, solange wir auf dieser Erde sind. Das soeben Gedachte und Geschriebene ist schon wieder vergangen, also ist es für uns auf dieser Erde der Vergangenheit zuzuordnen. Diese zeitliche Zuordnung brauchte es wohl nicht in diesem „zeitlosen Zustand", in dem ich mich befand.

Das denke ich nicht nur, ich hatte es selbst erlebt. In dieser von mir gefühlten „zeitlosen Zeit" existieren wir menschlichen Menschen wohl ohne Gestern und Morgen, so möchte ich es formulieren.

Mich durchströmte eine nie dagewesene Freude, die über meinen Verstand hinausging. Diese Freude kann ich nicht wirklich erklären und in ihrer wundervollen Intensität beschreiben. Es waren heilige Momente oder: „ein heiliger Moment in der Zeit", das heißt, in unserer Zeit, in der Zeit von uns Menschen hier auf dieser Erde.

Es war spektakulär. Doch dieses Spektakuläre war sehr leise, äußerlich ganz unspektakulär, aber das war ja das eigentlich Spektakuläre daran.

Ich spürte eine Ruhe und einen tiefen inneren Frieden, wie ich ihn in dieser Welt, auf unserer Erde bisher nicht erlebt hatte.

Niemand hat es gehört, geschweige denn gesehen. Diese Situation war für andere Menschen weder merkbar noch fühlbar. Sie war wohl in diesem Moment für mich allein vorgesehen?

Ja, ich erlebte wohl einen himmlischen Moment in/aus der Ewigkeit, in unserer Zeit auf dieser Erde – eine Transformation, wie immer man es auch nennen mag.

Vielleicht ein atemberaubender Schimmer von der Schönheit und Freude, die jeden Menschen erwartet, der an Jesus Christus glaubt und ihn in sein Leben einlädt, wie ich es selbst in diesem Seminar getan hatte.

Auf der anschließenden Weiterfahrt zog sich dieser himmlische Zustand allmählich zurück. Er verblasste, bis er sich dann, als ich zu Hause war, leider ganz verflüchtigte.

Wie gern hätte ich diesen Zustand fortgesetzt, weiter in ihm gelebt. Aber dieser „himmlische Zustand" ist wohl hier auf der Erde für uns Menschen nicht vorgesehen, nicht geplant, er ist wohl für das Jenseits gedacht, dem Himmel vorbehalten?

Stunden später fragte ich mich: Was war da auf einmal los? Was war das, dieses wunderschöne Erlebnis? Was hat das zu bedeuten, für mich zu bedeuten? So überlegte ich, als ich wieder in meinem Zuhause war, wieder auf dieser Erde, in der irdischen

Dimension, in unserer Zeit lebend. Mein Erlebnis war in diesem Moment schon Vergangenheit.

Im völligen Hier und Jetzt, im „bleibenden Jetzt" existiert wohl kein Zeitbewusstsein. Der Mensch brauchte es ursprünglich wohl nicht. Bewusstsein ist dann möglicherweise „ein Sein" ohne Gestern, Heute oder Morgen, **somit immer jetzt ...**

Meine Gedanken waren angenehm verwirrt, sie fanden so schnell keine Ruhe und ebenso keine befriedigenden Antworten.

Zum Nachdenken

Angenommen, dieser Zustand hätte angehalten, dann hätte dieser Bericht nicht entstehen können. Ich hätte ihn gar nicht erst aufgeschrieben.

Ähnliche Gedanken wurden mir erst Stunden später bewusst, als ich mich wieder in der irdischen Zeit befand, hier auf der Erde, wo wir Menschen scheinbar in Raum und Zeit gefangen sind.

Wenn wir Menschen schreiben – egal wer –, ist unser Schreiben nur in der Zeit möglich. Denn sobald ein Buchstabe, ein Satzzeichen oder ein Satz geschrieben wurde, ist das Geschriebene der Vergangenheit zuzuordnen. Es ist bereits Vergangenheit!

In dieser anderen Dimension – (vielleicht **Himmel**) – **gibt es wohl keine Vergangenheit.** Und daher hätte auch keine Notwendigkeit bestanden, etwas aufzuschreiben. Wozu auch, wenn doch die Zeit höchstwahrscheinlich in dieser anderen Dimension nicht existiert?

Wenn wir im völligen Hier und Jetzt sind, brauchen wir nicht zu schreiben. Schreiben ist für uns Menschen nur auf dieser Erde möglich, nur ein Hilfsmittel, um uns (unsre Vergangenheit) für die Zukunft mitzuteilen,

Wenn es keine Zeit gibt, ist alles unendlich (unendlich heißt ja: ohne Anfang und ohne Ende). Dies ist für uns Menschen nur schwer, wenn überhaupt, nachvollziehbar.

Hier hört unsere Vorstellungskraft auf, hier sind wir Menschen überfordert, denn ohne Zeit kann es auch keine Zeitformen geben (Vergangenheit, Gegenwart oder Zukunft).

Völlig im Hier und Jetzt bedeutet: weder eine Sekunde im Voraus noch eine Sekunde in der Vergangenheit, das Zeitgefühl ist „einfach weg". Jedenfalls war es für mich weg, nicht existent, so kann ich es nur formulieren. Aber ich muss wiederholt betonen, dass ich dieses Erlebnis erst einordnen konnte, nachdem ich mich wieder in der Zeit befand, „im Hier", in unserer Welt, auf der Erde existierend. Und dann konnte ich es auch beschreiben. Zumindest versuchte ich, es zu beschreiben.

Lied: „One Moment in Time"

Whitney Houston war eine sehr erfolgreiche und international bekannte US-amerikanische R&B-, Soul- und Pop-Sängerin sowie Schauspielerin.

Der Song „One Moment in Time" ist eine Ballade und transportiert die Aussage, dass man durch den Glauben alle Widerstände überwinden kann – so die allgemeine Zusammenfassung.

Aber die Poesie des Originaltextes kann man nun mal nicht eins zu eins übersetzen. Sprache ist eben großartiger und poetischer, als Lehrbücher und Übersetzungsmaschinen es wiedergeben können. Diese können weder die Poesie noch die Emotionen genau übertragen oder gar begreifen. In der deutschen Sprache werden poetische Gedanken und Metaphern anders ausgedrückt, auch wenn sie am Ende, im Herzen der Leser, das Gleiche meinen wie das Original.

Whitney Houstons Song enthält eine fordernde Bitte um den einen, ganz besonderen Moment:

Gib mir diesen kurzen Moment in dieser Zeit, wo das Schicksal es gut mit mir meint, wo alle meine Träume greifbar nah sind, wo alle Antworten auf meine Fragen vollkommen klar sind, in diesem kurzen Moment, wenn er strahlt, werde ich sie fühlen, werde ich sie spüren, sie, die Ewigkeit.

Wenn du diesen einen Moment einfängst, bist du ein Sieger, ein Leben lang – singt Whitney Houston sinngemäß in ihrem Refrain. Die Dauer dieses Moments ist relativ zu betrachten. Bei einer Lebenszeit von 80 Jahren kann man zwei Stunden durchaus als „Moment" bezeichnen …

Das Schicksal hat es wohl gut mit mir gemeint. Ich habe wirklich einen wunderbaren Moment (circa zwei Stunden) beschert bekommen, so ähnlich wie Whitney Houston ihn besingt, aber ohne zu bitten oder zu beten. Ich habe ihn einfach geschenkt bekommen. Ich bin fest davon überzeugt: Dieser Musiktitel, zu diesem Zeitpunkt, hätte für mich nicht passender sein können, um mein Schicksal zu erfahren. Dieses Schicksal ist Jesus Christus in meinem Leben.

Der Song ist sehr populär. Viele Menschen kennen ihn. Auch ich hatte das Lied wohl schon hunderte Male gehört – doch dann, auf einmal, begann das „Wunder" …

Nun strahlte dieses Lied, es leuchtete, es berührte mich wie niemals zuvor, es klang beispiellos schön, ja, unbeschreiblich schön. Eine andere Dimension der

Musik (vielleicht eine kleine Portion Jenseits) erfasste mein ganzes Sein, ein unglaublich schönes Gefühl – „heilig" könnte man dieses Gefühl wohl nennen. Es durchströmte meinen ganzen Körper, erfasste jede Zelle meines Körpers, erfüllte mich mit einem nie dagewesenen Frieden, den ich in diesem Moment erfahren durfte.

Ein Vergessen gibt es vermutlich nicht, der Mensch kann nichts vergessen. Ich brauche nichts zu vergessen. Es gibt keine Zukunft, keine Vergangenheit im ewigen Jetzt. Unsere bekannten drei Zeitformen – Vergangenheit, Gegenwart und Zukunft – verschmolzen zur „Gleichzeitigkeit". Die Zeitformen waren aufgelöst. Zeit scheint es in jener anderen Dimension nicht zu geben, weil alles sich auf den Erlebnismoment konzentriert, in einer Art der Leichtigkeit des Seins im ewigem Jetzt.

Hatte ich dies möglicherweise für eine kurze Zeit – in unserer Zeit – erlebt?

Fazit

Gesundheit hatte ich im Seminar „Christozentrisches Heilen" in der Schweiz gesucht und dabei/dadurch das wirkliche Leben gefunden – Jesus Christus!

Ich bin einen relativ langen Leidensweg auf den Pfaden der Esoterik gegangen, eine sehr sorgenvolle Strecke in meinem Leben. Aber ich wusste immer, dass es einen anderen Weg geben muss. Diese Emotionen trieben mich unaufhörlich, mit beharrlichem Durchhaltevermögen, voran. Sie haben mich schließlich zu meinem Ziel geführt!

Und endlich – Gott sei Dank – habe ich **nicht nur** Gesundheit, sondern vor allem mein **wichtigstes Ziel, den Sinn meines Lebens, gefunden!**
„Den Sinn des Lebens" – eine Antwort, die ich eigentlich verallgemeinern möchte!

Durch die Aufnahme von Jesus Christus in meinem Leben erlangte ich das wertvollste Geschenk, das ein Mensch auf dieser Erde überhaupt empfangen kann:
Ich wurde beschenkt mit ewigem Leben - und dafür bin ich so dankbar!

Es ist absolut das wertvollste Geschenk, was ein Mensch je auf dieser Erde erhalten kann. Es ist mit nichts, aber auch mit rein gar nichts zu vergleichen. Keine Materie kann dieses Geschenk aufwiegen. Selbst wenn man die ganze Erde besitzen sollte, so wäre dieser Reichtum letztlich nichts wert, letztlich völlig wertlos.

Dieses Geschenk ist jedem Menschen auf dieser Welt möglich. Das glaube ich nicht nur, ich weiß es inzwischen!

Unser Schöpfer, der uns Menschen nach seinem Ebenbild geformt hat, ist heilig – wir Menschen aber sind alle Sünder.

Die Bibel erklärt mit wenigen Worten was Sünde ist: Sünde ist Übertretung des Gesetzes!

„Jeder Mensch, der die Sünde tut, der tut auch die Gesetzlosigkeit; und die Sünde ist die Gesetzlosigkeit." Anders formuliert heiß das: Wer das Gesetz übertritt, sündigt.

Mit dem hier beschriebenen **Gesetz handelt es sich um die 10 Gebote,** wie sie in der Bibel unter den Büchern Mose zu finden sind:" *Die Übertretung eines dieser Gesetze ist die Sünde, die Folge der Sünde ist der Tod, das ist der Lohn der Sünde; aber die Gnadengabe Gottes ist das ewige Leben."*

Deutlicher formuliert: Wer sündigt, ist des Todes. So „beiläufig" enthält dieser Vers auch gleichzeitig den Hinweis für den Ausweg aus diesem hoffnungslosen Schicksal.

Die 10 Gebote Gottes sind zu keinem Zeitpunkt aufgehoben worden, auch wenn dies immer wieder in Verbindung mit „Alter Bund" und „Neuer Bund" verbreitet werden mag;

auch eine Aufhebung der Moralgesetze fand zu keinem Zeitpunkt statt und eine derartige Stelle existiert in der Heiligen Schrift – Bibel - schlicht und einfach nicht!

Gäbe es kein Gesetz, gäbe es keine Sünde, **erst mit dem Gesetz ist die Sünde definiert!**
Und daher ist das Gesetz Gottes entgegen so mancher fälschlichen Behauptung weiterhin uneingeschränkt gültig!

In der Menschheitsgeschichte gab es bisher **nur einen** einzigen **Menschen,** der völlig **ohne Sünde** geblieben ist! Und das ist Gott, der als ein Mensch in diese Welt gekommene **Jesus Christus**; daher ist einer jegliche Behauptung, man sei ohne Sünde, einfach nicht wahr, wir Menschen sind leider alle Sünder.

Natürlich taucht hier auch die Frage auf: Ist das nicht ein **Widerspruch?** Einerseits hat Gott den Menschen nach seinem Ebenbild geschaffen, andererseits kann man sich fragen: Wie kann das sein, das alle Menschen denn Sünder sind, wenn sie doch

„Ebenbild Gottes sind", wie es in der Heiligen Schrift heißt?

Das **Ebenbild Gottes** bezieht sich auf den **unkörperlichen** Teil des **Menschen**. Es hebt den Menschen von der Tierwelt ab, passt ihn der „Herrschaft" an, die Gott für ihn vorgesehen hat und ermöglicht es ihm, mit seinem Schöpfer/Gott zu kommunizieren.

Das „Ebenbild" oder das „Bildnis" Gottes zu sein bedeutet, einfach ausgedrückt, dass wir gemacht wurden, um Gott ähnlich zu sein.

Ebenbild heißt nicht Kopie, aber Entsprechung, Gottähnlichkeit. Das gesamte Potential moralischer, geistlicher und intellektueller Möglichkeiten ist unverfälscht und ungehindert vorhanden und kann zur Entfaltung kommen.

Geistig war der Mensch als vernunftmäßiger, willensmäßiger Vertreter geschaffen – mit anderen Worten, wir Menschen können denken und wir Menschen können wählen. Dies reflektiert Gottes Geisteskraft und Freiheit.

Moralisch war der Mensch in Rechtschaffenheit und völliger Unschuld geschaffen, als Reflektion der Heiligen Geistes. Gott sah alles, dass Er geschaffen hat – der Mensch eingeschlossen – und bezeichnete es als „gut"! Unser Gewissen, oder Verantwortungsgefühl, ist eine Spur dieses ursprünglichen Zustands. Wann immer jemand ein Gesetz schreibt, vor Bösem zurückschreckt, gutes Verhalten lobt oder sich schuldig fühlt, dann bestätigt er die Tatsache, dass wir nach Gottes eigenem Bildnis gemacht wurden -

Der erste Mensch - Adam - war Gott nicht ähnlich in dem Sinn, das Gott Fleisch und Blut besitzt. Die Heilige Schrift bzw. die Bibel sagt: „Gott ist Geist" und dass Er ohne einen Körper existiert. Jedoch spiegelte der Körper Adams das Leben Gottes wider und wurde deshalb in perfekter Gesundheit geschaffen und war nicht dem Tod unterlegen/unterworfen – bis zum Sündenfall!

Obwohl Adam eine rechtschaffene Natur gegeben war, traf Adam eine falsche Wahl und rebellierte gegen Gott, unseren Schöpfer. Und in dem er dies tat, ruinierte Adam das Bild Gottes in sich selbst und vererbte dieses geschädigte Bildnis an all seine Kinder weiter, uns eingeschlossen – deshalb an die ganze Menschheit! Heute tragen wir immer noch das Ebenbild Gottes in uns, aber wir tragen auch die Folgen der Sünde. Die Auswirkungen zeigen sich geistig, moralisch, sozial und eben körperlich, bis zum körperlichen Tod!

Daher brauchen wir Vergebung unserer Sünden, und das kann nur Jesus Christus leisten. Nur ER allein kann uns unsere Sünden vergeben, wenn wir IHN in unser Leben einladen.

Die Tür zu Jesus steht für jeden von uns Menschen immer offen. Wenn wir zu Jesus möchten, IHN bitten, in unser Leben zu kommen, wird Er die Tür vor keinem Menschen verschließen – so steht es sinngemäß in der Bibel, Gottes Wort!

Ja, das unendliche, ewige Leben durch Jesus Christus hatte ich gefunden!

Auf meiner Rückreise von der Schweiz habe ich eventuell etwas von dem kennengelernt, was mich, was uns Menschen im Himmel erwartet. **Wenn wir Jesus in unser Leben einladen/aufnehmen, dann beschenkt ER uns menschliche Wesen bedingungslos mit ewigem Leben und ewiger Gesundheit.**

Gesellschaftliche Hintergründe

Durch die revolutionären Entwicklungen im Bereich der **Telekommunikation** und des **Internets** sowie durch die stark gestiegene **Mobilität** ist die Welt zu einer globalen Siedlung zusammengeschrumpft, in der eine unübersichtliche Vielfalt von Denk-, Lebens- und Glaubensweisen Platz findet.

Überlieferte Gebote und Traditionen schränken uns in unserer Denk- und Wahlfreiheit nicht mehr länger ein.

Leider ist aber mit der **Öffnung** und der damit verbundenen Zunahme von **Wahlmöglichkeiten** in den letzten 40 Jahren ein dramatischer Werte- und Orientierungsverlust einhergegangen.

Jetzt, wo man endlich frei über Leben und Glauben entscheiden zu können meint, hat man eigentlich **keine Kriterien mehr,** die einem bei der Entscheidung helfen können.

Auch wenn die Bindung zum christlichen Glauben nach der Aufklärung gelockert war, so waren bis in die 1970ger Jahre hinein die Grundüberzeugungen der westlichen Welt größtenteils **von den christlichen-biblischen Werten geprägt.** Hier sind sich Soziologen, Historiker und Meinungsforscher einig.

In den letzten 40 Jahren wurden die christlichen Grundwerte und Überzeugungen von einem Großteil der Bevölkerung **über Bord geworfen**, auf der Suche nach individueller Freiheit und persönlicher Selbstverwirklichung.

Somit gibt es für diese Menschen **keine absoluten Werte** mehr.

Eine Vielfalt ohne Entscheidungskriterien führt aber zu Pluralismus und letztendlich zu Beliebigkeit: „Tue, was für dich stimmt; ich tue, was für mich stimmt."

Gleichzeitig leiden viele Zeitgenossen unter der **Orientierungslosigkeit** und suchen nach Halt und Geborgenheit. Eine Gesellschaft, die zunehmend auf Konsum und diesseitige Werte ausgerichtet ist, lässt die Menschen unerfüllt zurück, selbst zu den traditionellen Kirchen fühlen sich viele Menschen nicht mehr hingezogen.

Die logische Folge von hoher Technisierung bis hin zur künstlichen Intelligenz ist das Bedürfnis nach Zuwendung, nach lebenswichtigen Berührungen mit Menschen, nach menschlicher, gutherziger Nähe und Wärme!

Daher suchen die Menschen in dieser hochtechnisierten, anonymen Welt nach einem Gemeinschaftsgefühl, möchten Geborgenheit,

Zuwendung und Liebe. Sie haben Hunger nach menschlicher, gutherziger Nähe und Wärme!

Viele Selbstentfaltungskurse und esoterische Heiltherapien sprechen diese Defizite unserer modernen Gesellschaft an.

Deshalb suchen viele Menschen oftmals auf dem Markt der Esoterik nach einem Halt in spirituellen Bereichen. Sie wenden sich an Wahrsager, Geistheiler, versuchen es mit Lichtnahrung, Feng-Shui und vielem mehr. Ihnen ist es meist weniger wichtig, ob es dabei „korrekt" zugeht. Und es ist auch nicht so sehr von Bedeutung, ob es „wahr" ist. **Hauptsache ist, dass die Sache funktioniert und „gute" Resultate sichtbar werden.**

Aber es geht leider in der irregeleiteten Spiritualität darum, sich aus eigenen Kräften zu erlösen. Erkenntnisse geistlicher Art versucht man nicht durch Gottes Wort und Gottes Geist zu erlangen, sondern durch kosmische Kräfte und Energien bzw. durch die Realisierung des „Göttlichen in uns".

Und letztlich werden keine dieser irgendwie gearteten „Heilsbringer" unseren Lebensdurst zu stillen vermögen.

Diese kurzzeitigen positiven Resultate (die genannten „guten" Resultate), sind absolut trügerisch. **Es bleibt doch eine unerfüllte Sehnsucht bestehen.**

Was sollen wir nun tun?

Woher bekommen wir wirklich Hilfe, wenn wir **nicht** die Hilfe von kosmischen Kräften, Geistwesen oder abgefallenen Engeln beanspruchen dürfen?

Wie teilt Gott mit, was wir tun sollen?
Angeregt durch dieses Seminar – „Christozentrisches Heilen" – in der Schweiz habe ich Antworten auf die Frage nach Gesundheit, Glück und dem Sinn unseres Lebens gefunden.

Diese Antworten sind uns allen zugänglich, sie stehen in der Bibel. Das Wort Gottes erklärt uns, wie Jesus Christus als Sohn Gottes für unsere Schuld sein Leben gelassen hat und wie wir im Vertrauen auf IHN Vergebung unserer Schuld und ein neues Leben erhalten können.

„Dann ist uns mit Pfingsten die Gabe des Heiligen Geistes verheißen.

Wenn er kommt, wird er die Welt überführen und aufdecken, was Sünde, Gerechtigkeit und Gericht ist: „Sünde, dass sie nicht an mich glauben ... Er wird euch in die ganze Wahrheit führen."

Der Heilige Geist ist sozusagen „Gott heute in Aktion". Er bewirkt nicht nur das **Sündenbekenntnis**, sondern auch unsere **geistliche Neugeburt**, *wenn wir Jesus Christus als Erlöser und Herrn in unser Leben eingeladen haben!*

Er nimmt in uns Wohnung *und versiegelt unsere Geistkindschaft. Er lehrt uns, die Bibel zu verstehen. Er hilft uns beim Beten. Er schenkt uns Liebe zu Gott und zu unseren Nächsten. Er erfüllt uns mit Kraft und Gaben zum Dienst. Er bewirkt in und durch uns vielfältige Frucht. Und er gibt uns schließlich Kraft, unserer eigenen sündhaften Natur sowie Satan und seinen Helfern zu widerstehen.*

Nachdem wir unser Leben unter die Führung von Jesus Christus gestellt haben, dürfen wir wissen, dass der Heilige Geist, der in uns lebt, stärker ist als der Feind Gottes! Deshalb flieht der Widersacher/Satan, wenn wir ihm im Namen Jesus widerstehen! Deshalb brauchen wir als Christen keine Angst vor dem Feind Gottes zu haben!

Nur in der demütigen Abhängigkeit von unserem Erlöser können wir vor dem um sich greifenden stolzen und gottlosen Humanismus und den verführerischen (Selbst-) Erlösungsangeboten unserer Zeit bewahrt werden.

Als Anhänger/Nachfolger von Jesus Christus haben wir es wahrhaftig nicht nötig, die Hilfe bei irgendwelchen kosmischen Kräften und verführerischen Geistern zu suchen, oder bei entsprechenden Personen und Therapien, die als Mittler für höhere Kräfte dienen.

Wir dürfen täglich in der Autorität und im Namen Jesu leben und handeln und die Kraft des Heiligen Geistes beanspruchen.

Wenn wir beten, dann hört uns Gott; wir können ihm all unsere Nöte im Gebet bringen!"

(Aus dem Buch: „Esoterik, die unerfüllte Suche.")

Ein Gebet, das Ihr Leben verändern wird!

Falls Sie beim Lesen dieses kurz gefassten Buches festgestellt haben, dass Sie noch keine lebendige, persönliche Beziehung mit Jesus Christus haben, oder dass Sie Ihre Hilfe am falschen Ort gesucht haben, dann schlage ich Ihnen vor, jetzt folgendes Gebet zu sprechen.

„Wichtig ist, dass Sie dieses Gebet mit ganzem Herzen sprechen (wirklich wichtig), dann wird Gott es auch erhören. Er wird durch seinen Geist in Ihnen Wohnung nehmen und Sie befreien von den heimtückischen Bindungen. Sie werden Gottes Segen erfahren und mehr und mehr zu einem Segen für andere Menschen werden;

hier ist das Gebet:

Ich danke dir, Jesus Christus, dass du da bist und mich hörst. Du kennst mich durch und durch, nichts ist dir verborgen, auch meine Vergangenheit nicht. Ich bitte dich dafür um Vergebung, dass du mir so gleichgültig warst. Vergib mir alles, was mich trennt von dir. Ich übergebe dir auch die Bereiche meines Lebens, in denen ich gefährlich verwickelt, blockiert und unfrei bin. Ganz bewusst vertrau ich mich jetzt dir an.

Jesus Christus – führe, erfülle und forme du mein Leben, dankbar nehme ich von dir die Gewissheit an, dass du jetzt durch deinen Heiligen Geist in mir Wohnung genommen hast und ich ewiges Leben erhalten habe". (Zusammengefasst aus: Esoterik die unerfüllte Suche v. Daniel Gerber).

Jetzt wäre es wichtig, sich einer örtlichen Gemeinde anzuschließen. Sie sollten Wert darauflegen, dass in Ihrer Gemeinde biblische Wahrheiten geglaubt und gelehrt werden. In der Gemeinschaft mit anderen Christen werden Sie mehr von Gott lernen. Sie werden von den Erfahrungen anderer Christen profitieren. Sie werden Anweisungen bezüglich Taufe erfahren und Sie werden mit Freude erleben, was es heißt, anderen mit Ihren von Gott gegebenen Gaben und Fähigkeiten zu dienen. Sie brauchen die Gemeinde und die Gemeinde braucht Sie!

Glaubensbrief

In einem ermutigenden Glaubensbrief, aus einer 50-jährigen Zusammenstellung von Ereignissen vom Amerikanischen Prediger - Kenneth Erwin Hagin -, heißt es:

Liebe ist die Essenz von Gottes Charakter und die Grundlage seines Wesens. Die Welt kann Gottes Liebe nicht verstehen. Oft kann sie Seine Liebe nicht einmal erkennen. **Denn die menschliche** *Liebe fragt: Was kann ich aus dieser Situation gewinnen? Gottes Liebe dagegen fragt:* **Was kann ich dir geben?** *Alles, was Gott tut, kommt aus einem Herzen der Güte und dem Wunsch, uns Seine echte Liebe zu schenken. Gottes Liebe produzierte immer schon die entsprechenden Taten:*

Gott **gab** *uns seinen einzigen Sohn – Jesus. Jesus* **gab** *sein Leben für uns und befreite uns von den Fesseln und Ketten, die der Teufel jedem von uns Menschen bis jetzt auferlegte:* **Ohne** *Jesus keine Rettung und ohne* **Ihn** *kein Ausweg aus unseren tiefsten Ängsten und unserer Leere, Hoffnungslosigkeit und Not!*

Möge der Herr, unser Gott, auch jetzt bei Ihnen sein, wenn Sie diese Zeilen lesen, damit Sie mit Hilfe eines gehorsamen Herzens Seinen Willen erkennen und tun!

Und mögen Sie in Ihrem Leben einen großen persönlichen Gewinn daraus ziehen!

Nachtrag

Ein Lob für sog. Esoteriker und Suchende

Menschen, die sich für esoterisches Gedankengut interessieren, sind auch in meinem Bekanntenkreis zu finden. Vereinzelt rufen solche Menschen unter misstrauisch veranlagten Christen nur Kopfschütteln hervor. Ich denke, es liegt vor allem daran, dass sie ihre esoterisch interessierten Mitmenschen zu Feindbildern erhoben haben. Ich aber durfte in den vergangenen Jahren viele positive Erlebnisse mit Esoterikern machen. Diese spirituell interessierten Menschen sind meist sehr offen gegenüber den doch recht erstaunlichen Erfahrungen, die mit einem „höheren Bewusstsein" und sog. „kosmischen Kräften" möglich werden. Daher sind sie dem christlichen Gedankengut gegenüber grundsätzlich nicht abgeneigt!

... **Als Kind schaute er zum Sternenhimmel** und fragte sich schon früh, wo fängt der Weltraum an, wo hört er auf, wie groß ist das alles?

Beruflich war er 25 Jahre im Hause der Wissenschaften tätig; angesteckt vom Forscherdrang, ging er privat elementaren Fragen des Lebens nach: **Woher kommt der Mensch, wozu lebt er, wohin geht er?**

Während einer langen Zeit erlebte er depressive Phasen, **aus denen er geheilt,** mit wertvollen Erkenntnissen hervorging. Danach, angeregt und unterstützt mit Gottes Wort der Bibel, wie auch ein Zeichen von Ihm, hat er bedeutsame Antworten auf die stets wiederkehrenden Fragen der Menschheit gefunden. Er erntete Weisheit beim schrittweisen Wirken Gottes an ihm, dafür ist er sehr dankbar!

In Kürze veröffentlicht er einen Gedichtband über begrüßendes Weltgeschehen, beispielsweise: Die **Expo 2000,** sowie wiederkehrende Phänomene, z. B. die **Sonnenfinsternis,** dieses Gedicht ist neben anderen, in der Anthologie der Nationalbibliothek des deutschsprachigen Gedichts abgedruckt, sowie in der Lyrikedition der Frankfurter Bibliothek;

jedes seiner Gedichte ist synonym mit einem Bild von einer Künstlerin illustriert.